CLEBERSON EDUARDO DA COSTA

O EMPREENDEDOR-
ALQUIMISTA

Atsoc Editions

"Os verdadeiros empreendedores não são seres conservadores, mantenedores das formas de domínios econômicos, há tempos, pré-estabelecidas. Os empreendedores, aos reinventarem algo, criam novas regras para o jogo, abrem novos caminhos, descobrem brechas de inclusão social onde só havia altos muros, barreiras: ditas impossibilidades de mudanças."

(Costa, Cleberson Eduardo da.)

CLEBERSON EDUARDO DA COSTA

O EMPREENDEDOR-
ALQUIMISTA

Atsoc Editions

O EMPREENDEDOR-ALQUIMISTA

1ª Edição

CRÉDITOS

BY CLEBERSON EDUARDO DA COSTA ALL COPYRIGHT

IDEALIZAÇÃO E COORDENAÇÃO: ATSOC EDITIONS

CAPA: ATSOC EDITIONS

REVISÃO: ATSOC EDITIONS

PROJETO GRÁFICO: ATSOC EDITIONS

DIREÇÃO DE ARTE: ATSOC EDITIONS

DIGITAÇÃO: ATSOC EDITIONS

EDITORAÇÃO ELETRÔNICA: ATSOC EDITIONS

FOTOLITOS DE CAPA: ATSOC EDITIONS

Dados internacionais para catalogação na fonte de todos os direitos autorais, RJ,

Costa, Cleberson Eduardo da. – O Empreendedor-alquimista/Cleberson E. Da Costa, Atsoc Editions, Rio de Janeiro, 2012.

1. Empreendedorismo; 2. Investimentos; 3. Superação da exclusão social e econômica; 4. O empreendedor-alquimista. I título.

DEDICATIONS FOR

DEUS - EM ABSOLUTO - PARA VICTÓRIA MAGALHÃES DE JESUS COSTA, MINHA QUERIDA E AMADA FILHA, FLÁVI MAGALHÃES DE JESUS COSTA, MARIA DAS DORES COSTA, CLEVERSON E. COSTA, GLÁUCIA CRISTINA COSTA, ISABELA, DUDA, JOÃO VICTOR, ALEXANDRE (PM), ALEXANDRE (GONHA), LEANDRO COSTA, RENATA MICHELE, GILBERTO, DEOCLÉCIO, PAULO VICENTE, VICENTE PAULO, MELÍCIO E TAMBÉM AQUELES QUE, CARLINHOS ENGENHEIRO E ZICA (JOSÉ CARLOS RIBEIRO GOMES).

APRESENTAÇÃO

Quais relações podem haver entres os Empreendedores, os antigos Alquimistas e os Artistas?

Inicialmente, pode-se dizer que:

> "Prosperidade, de fato, não é algo que se compra, mas aquilo que se cria, pela sabedoria e pela criatividade, em nome e/ou movido pelo amor..."

A sabedoria, capacidade, habilidade e/ou competência para transformar coisas sem valor em outras com alto valor agregado (ferramentas, utensílios para a caça, pesca, obras de arte, etc.), desde os tempos antigos, depois de descobertas, foram desenvolvidas pelos homens não somente como algo que, por gerar-lhes prazer e satisfação, quando exercitada ou contemplada, faziam-lhes se sentirem cada vez mais humanos (no caso das artes ditas não utilitárias), mas, também, por causa da necessidade constante de transformação de objetos brutos e/ou toscos da natureza em outros, fossem estes para poderem se defender de possíveis predadores ou não, incluindo–se aí o homem, na condição de lobo do próprio homem.

Ou seja, a arte, enquanto capacidade criativa e/ou habilidade para poder transformar objetos aparentemente inúteis em outros com valor agregado, fossem eles ditos utilitários ou apenas contemplativos, configurou-se e, ainda hoje, alvorecer do séc. XXI, configura-se, mesmo em meio à tirania da industrialização, como o verdadeiro meio e/ou caminho para a criação de real prosperidade.

Esse livro procurará – de uma forma didática, epistemologicamente fundamentada, e ao mesmo tempo prático-objetiva – fundamentar-nos para que possamos desenvolver, enquanto seres sociais:

1- As nossas capacidades criativas;

2- As nossas capacidades de – por meio da transformação e criação artística – criarmos também prosperidade.

Na unidade I, discorreremos sobre as relações entre o Empreendedor, o Alquimista e os Artistas, no que se refere ao desenvolvimento da arte de transformar coisas ditas sem valores específicos, em outras, com alto valor agregado.

Na unidade II, discorreremos sobre a arte, na sua completude e também sobre a função social do artista.

Na unidade III, que é a do epílogo, de forma crítica, discorreremos sobre os processos de transformação do "homo intelectos" em "homo faber" nas sociedades capitalistas pós-modernas, erguidas estas, já a partir da modernidade, sob as bases de Descartes, culminando nos processo de divisão do trabalho e na trágica deformação do trabalhador, tirando-o da condição de artista (artesão) e colocando-o na de proletário (escravo assalariado do capital).

Esperamos que esse livro possa contribuir à formação de uma geração mais crítica, mais humanizada, mais autônoma intelectualmente e, nesse sentido, também capaz de lutar, através da criação de prosperidade, por meio do exercício pleno da arte, pela conquista das suas inclusões socioeconômicas, ainda que se acredite que mudanças significativas a respeito da "questão social" precisem, no sentido macro, ser fruto de ações propriamente coletivas, isto é, alcançadas por meio da participação política, culminando-se na criação de políticas públicas que caminhem nessa direção.

O autor

A HISTÓRIA E O SENTIDO DESSE LIVRO

Esse livro nasceu a partir de um momento de náuseas e caos existencial, no qual todo ser pensante, mais cedo ou mais tarde, tende a passar, e onde todos os nossos valores são postos em xeque, sendo passíveis de quebras, a marteladas, como nos diria Nietzsche.

Depois das náuseas e do caos, só resta ao ser três possibilidades:

A) Voltar a ser ele mesmo;
B) Tornar-se patológico;
C) Transcender.

Na primeira, o ser não evolui: quer ser ele mesmo; o mesmo eu sempre. Na segunda, o ser perde a lógica da razão e aprisiona-se no seu próprio mundo. Na terceira, o ser transcende, isto é, passa a criar e dar sentido para a sua existência. Destituído de qualquer resquício de uma suposta modéstia que impeça o ser de se afirmar enquanto ser, optei pela terceira e, assim, nasceu essa, como tantas outras obras.

Quase todas, portanto, centradas em temáticas cujas essências são de cunho filosófico, com fundamentações em epistemologias de pensadores independentes, como também em diferentes escolas. Todavia, traz em si o olhar, o ato de filosofar original do autor, a partir das seguintes premissas.

1) Na sociedade capitalista em que se vive "tudo é aparência e engano".

2) Os valores do capital, nos quais ressaltamos o individualismo e a meritocracia, têm sido estabelecidos como uma espécie de corolário de estado. Ou seja, sistematizados como conteúdo-ético de toda a sociedade, principalmente através das instituições ditas educativas, dentre as quais destacamos a escola;

3) Dentro desse contexto de catástrofes sociais, econômicas e humanas, levantadas nos tópicos anteriores, urge que se

11

construam alternativas para a retomada dos processos de humanização e emancipação intelectual rumo ao enfrentamento desta problemática.

Isto é, acreditamos que "cidadão" é aquele que, além de possuir os direitos à cidadania, é também aquele que possui condições sociais, econômicas e intelectuais para poder participar ativamente dos rumos da pólis.

Sendo assim, esta obra tem a finalidade de possibilitar aos diferentes grupos sociais excluídos o desenvolvimento dos caminhos para a tomada de consciência sobre temáticas óbvias do cotidiano, mas, que, ao mesmo tempo, são complexas e paradoxais: despercebidas a olho nu. Possibilitar o "estranhamento" do óbvio, o desvelamento do comum, a partir de um olhar filosófico, eis a finalidade desta obra. Esperamos que ela possa contribuir à formação de uma geração menos alienada e descomprometida com as questões sociopolíticas e humanitárias, e, portanto, mais consciente, emancipada e transformadora da realidade do mundo em que se vive.

O autor

SOBRE O AUTOR

Cleberson Eduardo da Costa (mais de 100 livros publicados, muitos deles traduzidos para outros idiomas), natural do Rio de Janeiro, é graduado pela UERJ (Universidade do Estado do Rio de Janeiro/1995-1998), Pós-graduado em educação (UCAM – Universidade Candido Mendes), Pós-graduando em Filosofia e Direitos Humanos (UCAM – Universidade Candido Mendes), Mestre e Doutor (livre) em Filosofia do conhecimento (epistemologia) e Pedagofilosofia Clínica (FUNCEC - pesquisa, ensino e extensão), Pesquisador, Professor universitário, Especialista em metodologia do ensino superior, Licenciado em Fundamentos, Sociologia, Psicologia e Filosofia da educação, Didática, EJA (educação de Jovens e adultos) etc.

Além disso, foi aluno Especial do Mestrado em Educação(1999-2001/PROPED/UERJ), matriculado,

14

após aprovação em concurso, nas disciplinas [seminários de pesquisa] "ESTATUTO FILOSÓFICO" (ministrado e coordenado pela professora Drª Lilian do Valle); e "POLÍTICAS EDUCACIONAIS NO BRASIL E NA AMÉRICA LATINA" (ministrado e coordenado pelo professor Dr. Pablo Gentili).

Estudou também no curso de MBA em Gestão Empresarial pela FUNCEFET/RJ/Região dos Lagos (2003-2005); no curso de Pós-Graduação em Administração e Planejamento da Educação pela UERJ (1999-2000); e realizou vários cursos livres e/ou de aperfeiçoamento nas áreas da filosofia e da psicanálise por instituições diversas, entre elas a FGV (Fundação Getúlio Vargas) e a SBPI (sociedade brasileira de psicanálise integrada).

De 1998 a 2008, atuou como professor de ensino superior (Instituto Superior de Educação da UCAM/universidade Cândido Mendes) nos campus universitários de Niterói, Nova Friburgo, Araruama, Rio de Janeiro, Teresópolis, Rio das Ostras, etc.

Participou (em sua trajetória profissional e/ou intelectual acadêmica) de diversas pesquisas, como, por exemplo, o projeto UERJ-DEGASE, relativo à (EJA) e também em pesquisas centradas em problemáticas políticas, filosóficas e pedagógicas com professores renomados, como Pablo Gentili (UERJ/CLACSO), Cleonice Puggian (UNIGRANRIO), Carla Imenes (UEPG), Cristiane Silva Albuquerque (UERJ), Marco Antonio Marinho dos Santos (OCA/RJ), entre muitos outros.

Atualmente dedica-se à docência universitária; a pesquisas em educação; a consultorias relativas à educação, no sentido do aprimoramento, da superação e do desenvolvimento humano; à realização de palestras acadêmicas e multiorganizacionais e à produção de obras nos mais diversos campos do saber.

SUMÁRIO

"A vida sem arte e a arte sem amor são a mesma coisa: nada." (COSTA, Cleberson Eduardo Da.)

O EMPREENDEDOR-ALQUIMISTA

O EMPREENDEDOR-ALQUIMISTA

UNIDADE I

O EMPREENDEDOR-ALQUIMISTA

O CONHECIMENTO COMO MECANISMO DE CRIAÇÃO DE PROSPERIDADE

I CAPÍTULO – A ARTE DA TRANSFORMAÇÃO: DA MAGIA AO NASCIMENTO DA TÉCNICA E/OU DA MAGIA AO NASCIMENTO DA SABEDORIA DO "COMO FAZER".

No início de tudo, antes da terra e/ou dos oceanos existirem, segundo postulados científicos, a natureza era igual, sem forma e vazia, ou seja, existiam apenas átomos discordantes, confusos, sob a forma de matéria bruta, guerreando uns contra os outros. De "caos" podemos chamar esse processo. De caos podemos chamar esse estado em que, no mesmo corpo material:

1- O quente lutava contra frio;
2- O seco lutava contra o úmido e/ou molhado;
3- O que era pesado – como uma espécie de unidade involuntária de contrários e/ou de paradoxos – coexistia com o que era leve, etc.

Ovídio (43 a.C., 18 d.C.), num dos trechos sobre *Metamorfoses*, em que fala sobre esse estado inicial de caos e, também, do posterior processo de criação, por Deus e/ou pela natureza, do Universo, escreveu, colocando na mesma medida este (Deus e/ou a natureza) como sendo o maior de todos os criadores e/ou transformadores de matéria bruta (dita sem valor e/ou apenas com valor em si) em algo com incomensurável valor agregado (riqueza e/ou prosperidade), por meio do uso da técnica e/ou da "sabedoria do como fazer", que até hoje se conhece.

Escreveu-nos ele:

> "(...) Deus, que do caos trouxe ordem ao universo, dando-lhe divisão, subdivisão, quem quer que ele seja:
>
> *1-* Moldou a terra na forma de um grande globo;
>
> *2-* Simétrica de todos os lados;
>
> *3-* E fez com que as águas se espalhassem e levassem sob a ação dos ventos fortes ("...)."
>
> (In: Gleiser, Marcelo. A dança do universo – dos mitos a

criação do big-bang, São Paulo, Cia das letras, 1997, p. 32)

Seguindo-se a mesma linha epistemológica de Ovídio, ou seja, pautado na ideia de que a vida e/ou o princípio da vida teve início a partir da criação, por Deus, também de um processo ininterrupto de transformações orgânicas, em que as células de um organismo vivo se multiplicam e, numa outra via, sobre a continuidade desse mesmo processo, quando um organismo vivo, por exemplo, digere, através de transformações químicas, dentro do seu aparelho digestivo os alimentos, escreveu-nos Paracelso:

"O Alquimista (Deus, a Natureza e/ou o Artista transformador) se ocupa:

1- Em separar o mau do bom, colorindo-os para serem bem mais identificados. Assim:

2- Ele tinge o corpo dotado de vida, ordenando-o, dispondo e submetendo tudo à natureza, inclusive o que tinge e transforma em sangue e carne. (...) O alquimista:

3- Mora no ventrículo, onde atua discretamente e faz seus cozimentos.

25

4- Quando o homem come carne, ingere nela mesma uma parte nutritiva e outra venenosa. A confusão e o perigo estão no momento de comê-la, quando todas as duas parecem boas e puras. Sem dúvida, enquanto por baixo da parte boa se esconde o veneno, por baixo da má nunca existe nada de bom. Por isso, antes que a carne passe para o ventre:

5- O alquimista avança sobre ela e faz a separação.

6- O que não serve para a saúde do corpo ele deposita em lugares especiais esperando o momento de desenvolvê-lo ao exterior.

7- Enquanto isso a parte boa fica guardada justamente onde convém, de acordo como foi ordenado por Deus. Assim:

8- O corpo evita a morte do que poderia acontecer com a absorção do veneno. E, isso tudo:

9- É feito pelo alquimista sem intervenção da pessoa.

Dentro desse contexto, citando ainda Paracelso, pode-se então dizer que, frise-se:

> **"A função do Alquimista se encontra dentro do ser humano..."** (texto adaptado

de **PARACELSO. A chave da alquimia. São Paulo: Três, 1973, p. 84)**

Ou seja:

1- **A arte de transformar coisas;**

2- **A arte de transformar, pelo poder da criação, matéria bruta dita sem valor e/ou apenas com valor em si em algo com valor agregado (e/ou em formas e/ou estruturas perceptíveis para a simples contemplação e/ou utilização), é uma característica primeira:**

3- **De Deus, do maior criador (de todas as coisas) que se conhece; daquele que, além de, do caos, construir o universo (fauna, flora, etc.), diz a bíblia, do pó da terra fez também o homem e, logo depois, a partir da costela deste, a mulher.**

Em outras palavras, diz a bíblia, no livro de gênesis que, esse mesmo Deus, por ser dotado de ampla sabedoria (onisciência, onipresença, onipotência), criou não somente as formas

27

ditas brutas existentes, mas também todas as ditas matérias vivas, nas quais – sem aqui querer contrapor-se aos postulados da ciência – prediz também que o homem, diferentemente de todos os outros animais, na qualidade de "homo sapiens", foi o único animal criado, por esse mesmo Deus, à sua imagem e semelhança.

Isto é, a bíblia diz que o homem traz, em si, enquanto ser racional, semelhanças com as capacidades criativas de Deus (embora não seja ele, o homem, propriamente igual a Deus) para o que diz respeito ao exercício e/ou a prática do poder de criação e/ou de transformação da matéria bruta em outras com valor agregado.

Nesse ponto, pode-se dizer também que a teologia e a ciência parecem caminhar, ainda que involuntariamente, na mesma linha e/ou direção. Por exemplo, no início da vida primitiva, pedaços de madeira, ossos, rochas e peles foram os primeiros materiais que os homens ditos pré-históricos e/ou primitivos se utilizaram para, por meio da criação artística e/ou da transformação alquímica (por meio do uso do fogo), poderem fabricar ferramentas e/ou objetos que, de alguma forma, pudessem-lhes ser úteis na vida cotidiana. Isto é, nesses processos de criação artística e/ou de transformação alquímica:

1- Uma simples pedra, desde que fosse lascada, poderia ser transformada numa arma e/ou num objeto cortante;

2- Um pedaço de madeira ou de osso poderia ser transformado, desde que fosse devidamente afiado, numa lança, etc.

II

Esse processo de encontrar matéria bruta e, pelo uso da técnica e/ou da "sabedoria do como fazer", transformá-las em algo com valor agregado, a partir daí, não parou mais. Quando, por exemplo, através dos raios que caíam, geravam-se faíscas e/ou incendiavam-se as madeiras secas e/ou as árvores, o homem primitivo, observando-os, refletindo, praticando, descobriu o fogo.

Todavia, descobri-lo, de imediato, não trouxe grandes benefícios para ele. Ou seja, saber que o fogo existia não os colocou, de início, logo na condição de "dominadores" do fogo.

Durante muito tempo os homens primitivos acreditaram, por exemplo, que o fogo, o mar, as chuvas e, mesmo os animais, eram controlados por espíritos e/ou coisas ocultas e, que, assim, surgiam para eles "quando" e, mesmo, da "forma" que queriam. No caso especifico da descoberta do fogo, por exemplo, somente quando ele, o dito homem primitivo conseguiu – e isso demorou muito tempo – dominar a técnica de:

1- <u>Iniciar</u>,
2- <u>Manter</u> e/ou

3- **Apagar** o fogo, é que ele pôde também utilizá-lo para poder gerar transformações alquímicas a partir do uso técnico e/ou sábio.

Ou seja, o calor do fogo, por exemplo, passou a ser utilizado por eles, pelos homens primitivos, para poderem:

1- Cozinhar, mudando a cor, a textura e o sabor dos alimentos;
2- Aquecerem-se nos dias de muito frio;
3- Espantar certos animais que os ameaçavam e/ou para poderem, como arma, defenderem-se de grupos ditos inimigos, etc.

Além disso, por meio do fogo:

4- O barro pôde ser cozido e, assim:
5- Potes puderam ser construídos;
6- Alimentos e água puderam ser armazenados, etc.

Nesse sentido, sem exageros, pode-se dizer que não somente a descoberta, mas também o domínio da técnica de criar, *manter* e *apagar* o *fogo* (utilizando-se a luz e o calor dele providos para poder ajudar a garantir-lhes às suas sobrevivências) é que, de fato, significou o grande passo que o homem dito das cavernas, no sentido genérico, deu rumo à construção do que hoje se chama de civilização.

Em outras palavras, o que se quer dizer é que, antes, as causas dos fenômenos naturais eram atribuídas, por ele, pelo homem primitivo, ao mundo dos espíritos e que, sendo assim, no início, na tentativa deste de compreender tais fenômenos, antes de chegar ao uso sistemático das técnicas de domínio, de criação e/ou de transformação da matéria bruta em coisas com valor agregado, o mesmo se utilizou, durante um longo período histórico, apenas de procedimentos também impregnados de magia. Ou seja, o uso da magia, pelo homem primitivo, foi anterior às do uso da técnica e/ou da sabedoria dita racional do "como fazer". Exemplificando, vejamos o que nos diz Nóbrega:

"Apesar da visão mágica do mundo:

1- (...) o mago tentava provocar a chuva porque notava uma relação entre ela e o nascimento das plantas;

2- Percebia uma relação entre a sobrevivência humana e o comportamento do mundo natural. Procurava então:

3- Com invocações, feitiços e poções, controlar as forças da natureza e colocá-las ao seu serviço. (NÓBREGA, Olímpio Salgado et al. Química, volume único. São Paulo: ática, 2005, p, 10-11.)

Nesse sentido, o que se faz necessário aqui também dizer é que, *dessa forma, o homem primitivo foi acumulando conhecimentos ditos práticos que:*

1- Após constantes usos e desusos,

33

2- *Erros e acertos,*

3- *Foram sendo também aprimorados,*

4- *Dando origens às técnicas, ou melhor,*

5- *Dando origens às capacidades e/ou competências e habilidades dos mesmos de, por exemplo, desenvolverem:*

6- A fermentação para fabricação artesanal de bebidas;

7- A curtição;

8- O tingimento;

9- A vitrificação;

10- A metalurgia, etc.

II CAPÍTULO – O SENTIDO DO EMPREENDEDOR-ALQUIMISTA E/OU DO EMPREENDEDOR-ARTISTA

Com base nas premissas epistemológicas até aqui levantadas, pode-se dizer, em síntese, que *"Empreender significa a capacidade de, por meio do uso da técnica e/ou da "sabedoria do como fazer" algo (início, meio e fim = know-how), poder ser capaz de, frise-se:*

1- Criar negócios (produtos e/ou serviços inovadores) e/ou coisas, objetos a partir do desenvolvimento das capacidades e/ou habilidades de:

2- Transformar matérias ditas brutas, inúteis, ditas sem valor e/ou com baixo valor,

3- Em outras coisas e/ou objetos com valores agregados:

4- Seja por meio do artesanato, enquanto criação artística;

5-Seja por meio da criação de novos negócios, a partir dos que já foram criados;

6-Seja por meio das inovações (sejam estas tecnológicas e/ou em qualquer outra área do conhecimento e/ou ramo de atividade).

Por esta via, frise-se outra vez:

> **"Empreender não significa necessariamente criar sempre algo novo de fato, mas, também, melhorar as coisas que já existem (criar inovação), ou seja, criar coisas que já foram criadas por outros, agregando a elas novos valores".**

Por exemplo, diz-se que os relógios foram inventados pelos Suíços. Todavia, hoje, os melhores relógios que se conhecessem, embora haja quem diga o contrário, são os ditos Japoneses.

O mesmo vale para os automóveis, que, como também se sabe, tiveram sua origem comercial por meio de Henry Ford, nos EUA, a

partir do início do século **XX** e, que, hoje, no alvorecer do século **XXI**, no quesito beleza, eficiência e preservação do meio ambiente, estão postos, também, na mesma sequência de inovações tecnológicas, os Japoneses, fazendo-se e/ou colocando-se, globalmente, como âncoras desse mercado. Conceituando, o que se quer dizer é que, hoje, no alvorecer do séc. **XXI**:

> **"O empreendedor-artista e/ou o empreendedor-alquimista é aquele que vislumbra oportunidades de negócios e/ou de criação de prosperidade, pela agregação de valor, onde muitos não conseguem ver".**

Nesse sentido, o empreendedor-artista e/ou o empreendedor-alquimista é também:

> **"Aquele que faz a sociedade evoluir:**
>
> **1- De formas rudimentares para outras mais aprimoradas de vida:**

2- **Seja pelos aprimoramentos das criações artísticas,**

3- **Seja pela transformação, mediante o uso da técnica e/ou da sabedoria do como fazer,**

4- **Coisas, objetos e/ou materiais sem valor**

5- **Em outros (as) úteis, belos (as) e/ou com alto valor agregado que, nesse sentido, se traduzem como sendo o mesmo que a criação e/ou geração de prosperidade e/ou de riquezas (estas no sentido individual ou industrial-organizacional).**

Em outras palavras, na filosofia, na liturgia e/ou na linguagem própria dos antigos Alquimistas:

> **"O empreendedor artista e/ou o empreendedor alquimista "é aquele que tem a capacidade de descobrir a "pedra filosofal[1]" e/ou o chamado "elixir" capaz de transformar qualquer metal, por meio das misturas entre eles, em ouro, o mais puro e nobre de todos os metais".**

[1] Pedra filosofal e/ou Elixir – Fórmula secreta procurada pelos alquimistas para, segundo eles, por meio delas, poderem ser capazes de transformar qualquer metal em ouro, o mais nobre e/ou valoroso de todos os metais.

III CAPÍTULO – A BUSCA DA PEDRA FILOSOFAL: A FÓMULA SECRETA PARA PODER TRANSFORMAR QUALQUER METAL EM OURO

Para aqueles que desconhecem, na idade média existiu um grupo de químicos que, entre outras coisas, através de constantes e sistemáticos estudos, procurava descobrir a chamada "pedra filosofal", ou seja, *"a chamada fórmula secreta para, por meio dela, poderem ser capazes de transformarem qualquer metal em ouro, o dito mais nobre, puro e/ou valoroso de todos os metais".*

Por volta de 350 a 1450, em Alexandria, desenvolveu-se inicialmente o que aqui chamamos de alquimia. Para Zózimo de Panápolis, um dos primeiros alquimistas, de origem Egípcia, nascido em Alexandria por volta do ano 350, a alquimia era uma técnica sagrada que permitiria a transformação, por exemplo, de qualquer metal em ouro.

Ele acreditava que existia tal substância, chamada de "elixir", "pedra filosofal" e/ou "tintura", que, se colocada em contato com qualquer metal, teria virtudes como aquelas que, hoje, conhecemos ser a de alguns remédios: curar, rejuvenescer, etc.

Os alquimistas acreditavam que a mistura de quatro elementos (terra, fogo, água e ar) era o que explicaria, por exemplo, não somente a existência, mas também as várias composições e formas de matérias existentes na natureza.

Muitos deles, sendo assim, passaram não somente a se utilizar de técnicas, mas também de magias, para poderem conseguir, assim, o que tanto sonhavam: *transformar qualquer metal em ouro*. Acredita-se que eles nunca tenham conseguido, de fato, chegar aos seus êxitos. Todavia, isso é o que menos aqui nos importa. Ou seja, na verdade, a grande lição que não só tiramos tanto dos homens ditos primitivos tanto quanto dos alquimistas é a de que, pelo uso da técnica, da capacidade de transformar matérias brutas em outras, podemos criar coisas com alto valor agregado. Isto é, criarmos coisas com maior valor do que (enquanto materiais ditos inúteis e/ou com valores apenas em si) elas tinham antes de serem (pelo artesão e/ou pelo artista, por meio do uso da técnica e/ou da sabedoria do como fazer - início, meio e fim), transformadas em outras com maior valor agregado. Em síntese, o que se quer dizer é que, por meio deles, aprendemos que, o ouro, a riqueza, a prosperidade e/ou as coisas com valor, é e/ou são algo que se cria e/ou que se deve sempre procurar criar:

1- Pelo uso da técnica e/ou
2- Da "sabedoria do como fazer", transformando, por exemplo:
3- Aquilo que não tem valor (ou que só tem valor em si)
4- Em algo com valor agregado.

IV CAPÍTULO – O SENTIDO DO EMPREENDEDOR-ALQUMISTA E/OU DO EMPREENDEDOR-ARTISTA NO SÉC. XXI

Simbolicamente, pode-se dizer que, a transformação de metais em ouro – embora se acredite que, pelos alquimistas, nunca tenham literalmente e/ou de fato ocorrido – estão também corporificadas e/ou representadas:

1- Tanto por meio do caso da descoberta do fogo, pelo homem primitivo, sintetizada na capacidade de dominar e controlar o uso do mesmo;

2- Tanto quanto hoje, no alvorecer do século XXI, pelo uso inteligente de qualquer tecnologia da informação que esteja sendo utilizada ao nosso favor, para podermos, por exemplo, operarmos uma máquina e/ou um computador, etc., e, sendo assim, por meio delas, podermos criar riquezas e/ou prosperidade, ou seja,

42

sermos capazes de criarmos coisas com alto valor agregado.

Por esta via, sendo assim, pode-se dizer também que a ideia e/ou as ideias que traduzem o empreendedor-artista e/ou empreendedor-alquimista está e/ou estão sintetizadas exatamente aí, ou seja:

> "Na capacidade de criar prosperidade, através da busca pela inovação, criação e/ou transformação de coisas e/ou objetos sem e/ou com baixo valor em outros e/ou outras com alto valor agregado." (grifo meu)

Nesse sentido, frise-se:

> "O empreendedor-artista e/ou o empreendedor-Alquimista (esteja ele na qualidade de artista e/ou de artesão, hoje, no alvorecer do século XXI) está e/ou deve estar além do alquimista: isto é, ele, esse tipo de empreendedor, não busca e/ou não deve buscar literalmente

43

transformar metais em ouro, mas buscar transformar exatamente qualquer espécie de ideia ou material, por meio da sabedoria, do uso da técnica e/ou da criação artística, em coisas e/ou objetos, enquanto produtos e/ou serviços ditos sem valor e/ou com baixo valor, em outros, com alto valor agregado, inclusive tão e/ou ainda mais valorosos ainda que o próprio ouro. (grifo meu)

Para isso, obviamente, é preciso ter desenvolvido dentro de si um espírito empreendedor.

Estudaremos esse tópico a seguir.

V CAPÍTULO – O DESENVOLVIMENTO, EM SI, DO ESPÍRITO EMPREENDEDOR.

Empreender, como se sabe, é diferente de administrar. Administrar é o conjunto de princípios, normas e funções que tem por fim ordenar e estruturar o funcionamento de uma organização (empresa ou órgão público).

Empreender, por outro lado, é o mesmo que:

1- Propor-se a algo novo;

2- Criar novos empreendimentos, ou seja, conceituando:

3- *"Empreender é a busca da novidade e/ou da inovação – pela via da sabedoria, aliada à criatividade – pautadas numa iniciativa, atrelada a uma visão de mercado, motivada:*

4- *Pela falta do medo de errar;*

5- *Pela falta do medo de perder dinheiro;*

6- *Pela falta do medo de recomeçar, em qualquer área e, numa outra via:*

45

7- Motivada também pela busca do alcance do sucesso pela via da busca da liderança e/ou da descoberta de novos produtos, mercados potenciais e/ou público-consumidores."

Em outras palavras, Empreender:

1- É ser capaz de inovar;

2- De criar, pela inteligência, pela sabedoria, acoplada, às vezes, ao talento individual:

3- Novas formas de se gerar prosperidade, nunca, muitas vezes, antes tentadas. Ou, antes:

4- Mal tentadas, seja no desenvolvimento de novos produtos, seja no de novos serviços para um determinado grupo e/ou fatia de mercado.

II

No mundo globalizado do início do século XXI, os países que mais tem se mantido no topo, ao longo de décadas, economicamente falando (como os EUA, China, Japão, Suécia e muitos outros países da Europa) são também aqueles que mais empreendem, isto é, são os que mais

e constantemente investem em inovação. Hoje, por exemplo, a maioria dos produtos de alta tecnologia é patenteada nesses países, apesar, também, de – muitos deles, por uma questão de redução de custos de produção – serem produzidos na China e/ou em outros lugares fora da Europa e da América do norte.

Embora muitos não saibam, no primeiro semestre do ano de 2013, o Brasil, país da América do sul em processo de desenvolvimento, por meio da sua presidente, anunciou um investimento da ordem de exatos 36 bilhões de reais (aprox. 18 bilhões de dólares) em inovação sendo, nesse caminho estratégico para a sua economia, o único da América latina – levando-se em consideração a importância dessa temática – a dar um salto qualitativo na sua política econômica de médio e longo prazo.

Felizmente passou-se a ser compreendido pelo Brasil que as fontes de riquezas de uma nação são não somente aquelas ditas naturais, mas também aquelas artificiais, provindas da agregação de valor, por meio do uso inteligente das altas tecnologias e da inovação.

Ou seja, compreendeu-se que não adiante, para poder se desenvolver economicamente, produzir somente matérias primas e depois vendê-las por "x" para os países industrializados e/ou empreendedores que, ao transformá-las, ao agregarem valor a elas, revendem-nas, sob a forma de novos ou inovadores produtos ou serviços, pelo preço de mais de "10x", por exemplo, para o próprio Brasil, país de quem comprou sua matéria bruta.

Se ainda nos resta alguma dúvida sobre o que postulamos acima, pergunte-se e responda-se, por exemplo, que riquezas naturais possuem o Japão, além da sua conhecida cultura do arroz e, mesmo a China, os EUA e a Suécia para que, somente por meio delas, justifiquem-se estarem no topo das nações economicamente mais desenvolvidas do séc. XXI. Riqueza natural é óbvio que – umas mais, outras menos – todas elas têm, mas nada que as façam serem, economicamente, as potências que são.

Sem sombra de dúvidas, foram os investimentos em pesquisas, em inovação, que tornaram esses países lideres econômicos mundiais.

Os últimos 60 ou 70 anos do Japão nos servem como um exemplo concreto. Durante a segunda guerra mundial, estando ele, o Japão, em guerra contra os Estados Unidos da América, muitos soldados Japoneses, acreditavam que ganhariam a guerra por meio dos seus chamados pilotos Kamikazes, chamados também de suicidas que, no comando das suas aeronaves, lançavam-se juntamente com elas nas bases de ataques Americanas. Os EUA, que defendia o grupo dos chamados países aliados, lançou então sobre Hiroshima e Nagasaki, duas cidades japonesas, suas duas bombas atômicas, uma em cada delas, dizimando milhares de pessoas, na sua grande maioria pertencentes à sociedade civil, vencendo, assim, então a guerra.

Esse foi, sem dúvida, um dos maiores genocídios praticados na história da humanidade. Mais e/ou tão nefastos ainda do que aqueles praticados por Adolf Hitler contra os Judeus. A diferença foi que os aliados, encabeçados, pelos EUA, venceram, não perderam a guerra, como o líder Nazista.

Dados os necessários momentos para nossa reflexão, Biocídios e/ou genocídios à parte, a moral da história e que o Japão, ao sair da segunda guerra mundial, não apenas derrotado, mas também completamente arrasado e destruído, aprendeu da pior forma possível – que é aquela advinda da própria experiência – uma grande lição econômica que, depois de algumas décadas, o faria se tornar uma grande potência mundial.

Ou seja, o Japão aprendeu, entre outras coisas:

"Que, no mundo contemporâneo ou pós-moderno, o poder está não somente na força dos braços humanos e/ou nas convicções de uma nação, mas essencialmente no grau de educação e/ou sabedoria do seu povo".

Sendo assim, o Japão, através do investimento maciço em educação, desenvolvendo altas tecnologias, mudou – em seis ou sete décadas – a sua total realidade econômica, coisa que o Brasil, somente agora, parcamente, está começando o fazer. Ou seja, a diferença entre o Brasil e o Japão é que o primeiro, além de não ter investido também em educação de qualidade como deveria, somente agora, no ano de 2013, despertou para a temática da inovação. No Japão, além do ensino escolar ser em horário integral, estuda-se também, inclusive, aos sábados e domingos. Isto é, o

Japão mudou porque mudou grande parte dos valores que pertenciam a sua cultura. Mudou porque ele se permitiu mudar a sua maneira de ver o mundo. No Brasil, apesar dos investimentos em inovação, ainda existe a cultura retrógrada, oriunda do período escravista, de que é somente trabalhando arduamente e/ou então se acumulando imóveis, em detrimento do investimento em educação de qualidade, que se é capaz de gerar riquezas, quando, por exemplo, numa conversa informal, ouve-se dizer:

1- Que quem estuda demais fica maluco;
2- Que quem estuda é porque é filhinho de papai;
3- Que tudo o que era possível de ser inventado já foi, etc.

Ou seja, o que se quer dizer é que o espírito empreendedor e/ou inovador, para poder ser desenvolvido em um ser humano qualquer, dentro de uma organização empresarial ou mesmo via instituições educativas, por meio da formação dos cidadãos de um país, antes de tudo, prescinde também de uma decisão deliberada/intencional em busca da mudança de alguns valores culturais; prescinde de uma mudança qualitativa na forma de ver e de interagir com o mundo, o que se torna impossível de qualquer ser vir a poder desenvolver sem o acesso a uma educação de qualidade.

Ou seja, para poder desenvolver, em si, o espírito empreendedor, são necessários terem-se desenvolvidos, também, em si, habilidades, capacidade e/ou competências tais como:

1- Criatividade;

2- Iniciativa;

3- Capacidade de correr riscos;

4- Capacidade de entender que o insucesso, o erro, é parte do caminho do sucesso;

5- Entender que nem todos compreenderão as suas ideias, estando-se disposto a ouvir críticas construtivas ou não e buscar melhorar a partir delas;

6- **Administrar o medo para poder enfrentar circunstâncias adversas;**

7- **Aprender a avaliar tudo o que se faz rumo ao aprimoramento;**

8- **Cultivar a desinibição e o desenvolvimento da autoestima.**

Em outras palavras, se você não está no Japão ou num desses países que são líderes em inovação e que possuem uma educação qualitativa a esse respeito, não fique esperando que esse espírito empreender, por meio das instituições educativas, incluindo-se aí as universidades e os cursos de pós-graduação seja, por meio delas, em você desenvolvido, mesmo porque, isso, pelos cenários que se vislumbram, ainda demorará muito para, efetivamente, poder vir a de fato acontecer (se é que algum dia acontecerá). Isto é, o que eu quero dizer é que você deve procurar desenvolver-se a partir de meios próprios. Ou seja:

1- **Seja o próprio agente da sua formação;**

2- Procure bons livros sobre o assunto;

3- Participe e/ou construa grupos de estudos nessa área;

4- Participe de cursos, às vezes fora da sua área de atuação;

5- Procure, através de pesquisas e/ou estudos, desenvolver-se além das suas capacidades e/ou competências especializadas do saber, buscando fazer sempre uma integração entre as partes e o todo no ato de conhecer.

VI CAPÍTULO – O SENTIDO DAS UTOPIAS

Voltando-se à filosofia prática ou ética dos alquimistas, o que se precisa aqui também dizer é que, apesar dos seus sistemáticos estudos e, mesmo assim, eles, os alquimistas não terem conseguido alcançar, de fato, a fórmula secreta, a dita do tal elixir milagroso e/ou a dita pedra filosofal para que, por meio delas (realizando misturas entre ferro, prata, chumbo e outros metais quaisquer, conseguirem ouro), eles deixaram, para nós, como legado, algo de extremo e precioso valor: *"a importância de sempre buscarmos construir, além de sonhos, também utopias".*

Isto é, eles, os alquimistas, embora não tenham conseguido, de fato, o que queriam, seus estudos fizeram com que se ampliassem outros novos estudos sobre a química e, sendo assim, eles contribuíram também, ainda que involuntariamente, para os avanços científicos.

Os alquimistas, assim como muitos outros cientistas e/ou pensadores, nos ensinaram a ter utopias, além de sonhos.

Os sonhos são importantes porque, quando traduzidos em metas e/ou objetivos a serem alcançados, de certa forma, nos motivam para podermos querer mais e mais viver, buscando-se sempre alcançá-los e/ou realizá-los.

As utopias, como se sabe, por outro lado, são entendidas como ideias (ou ideais) e/ou objetivos que nunca são atingidos na prática e, nesse sentido, a diferença entre ambos (sonho e utopia) é que o sonho é algo que nos coloca com os pés no chão, na realidade, e, a utopia, por sua vez, ao contrario, é o que nos faz entrarmos numa espécie de dito mundo da busca pela realização do que, muitos e/ou todos dizem, ser impossível de se realizar, ou seja, dizem ser fruto de um suposto estado latente de loucura.

Todavia, embora muitos não saibam, quando perseguimos utopias, seguindo no caminho dela, realizamos, ainda que sem sabermos, sonhos possíveis de concretização, mas que não imaginávamos que eles poderiam ser realizados, ou seja, que nem sequer cogitávamos a possibilidade de realizá-los.

Isto é, partindo-se dos estudos dos alquimistas, as ciências criaram remédios e afins, desenvolveram o que chamamos, hoje, de alta tecnologia e que corresponde a uma das maiores formas artificiais de criação de curas para a humanidade e, ao mesmo tempo, de riquezas para os seus investidores.

Somente para se ter uma ideia, os apenas 14% e/ou 15% da população mundial que dominam esse tipo de tecnologia, especialmente os países da América do norte, Europa e, a partir dos últimos anos, também a China e o Japão, são donos, juntos, por meio do domínio do mercado do comércio exterior, de mais de 65% de toda a riqueza mundial produzida (PIB mundial).

O que se quer dizer é que esses países não foram e não são movidos somente por sonhos, mas também por grandes utopias, como as que fizeram os EUA chegarem à lua, por exemplo, e as que os fazem, hoje, no alvorecer do séc. XXI, quererem povoar Marte, o chamado planeta vermelho.

Ou seja, ao terem investido milhões de dólares perseguindo-se, por exemplo, o objetivo de encontrar vidas em outros planetas, esses mesmos países dominaram as tecnologias de ponta que, logo depois, originaram, por exemplo, o uso de satélites, o sistema GPS, os da tecnologia de aparelho celular móvel, assim como também aquelas que revolucionaram os surgimentos de novos e/ou complexos meios de transportes, como os das aeronaves, etc. Nesse sentido, o empreendedor-artista e/ou o empreendedor-alquimista, na condição de artista e/ou criador de prosperidade, quando movido também por utopias e não somente pela realização de sonhos, é aquele que sempre deve procurar ver aquilo que está além do seu ângulo epistemológico de visão, isto é, percebendo a realidade através de cenários.

Ele, a partir do acesso constante a resultados de pesquisas e/ou estudos avançados em variadas áreas do saber, deve procurar construir cenários e, assim, desvendar e/ou descobrir novas e/ou inovadoras tendências de mercado.

Por exemplo, estudos e pesquisas, há alguns anos atrás, revelaram que em, algumas décadas, começariam a se esgotar os recursos naturais do planeta que, até então, vinham fazendo parte da matéria bruta da humanidade. A partir daí, surgiram grandes utopias, como por exemplo, transformar água do mar em água potável, criar alimentos geneticamente modificados, etc. Em alguns momentos, aqueles que criaram essas utopias foram tachados de loucos. Hoje, todavia, elas, aquelas ideias, são uma realidade em escala planetária e, como muitas outras, apontam novos caminhos para a humanidade.

O EMPREENDEDOR-ALQUIMISTA

UNIDADE II

DA ARTE E DA FUNÇÃO SOCIAL DO ARTISTA

VII CAPÍTULO – O QUE É A ARTE?

Construir coisas (para poder auxiliar na resolução de problemas cotidianos) não é uma faculdade pura e/ou somente humana. Por exemplo:

1- As aranhas fazem teias para morar e para caçar moscas;

2- Os pássaros constroem ninhos;

3- As abelhas colmeias;

4- As formigas, formigueiros, etc.

Além disso, pode-se dizer ainda que, esses e muitos outros animais, não perdem para os humanos no quesito precisão e/ou qualidade:

1- Alguém já soube, por exemplo, do caso, supostamente bizarro, relatado em alguma revista científica, de alguma aranha que supostamente tenha feito uma de suas teias com medidas incertas, com materiais inadequados, etc.?

64

2- **Alguém já ouviu dizer que determinado pássaro faz ninhos que não suportam o peso dos ovos nele colocados e, que por esse motivo, eles, logo depois de construídos, se desfazem, comprometendo o desenvolvimento de suas espécies?**

3- **Alguém já ouviu dizer que as abelhas e/ou as formigas não fazem, respectivamente, colmeias e formigueiros que sejam adequados para os seus tamanhos e que haja, assim, casos de morte das mesmas por causa da superlotação e/ou por meio de intoxicação causadas pelo uso de materiais inadequados utilizados na construção dessas mesmas colmeias e/ou formigueiros?**

O que se quer dizer é que, a principal e/ou as principais diferenças entre os homens e os animais ditos irracionais estão no fato de que, os primeiros (os homens), por serem, além de também animais, pertencentes à espécie "homo sapiens", trazerem em si o potencial para agirem por meio da razão; e, os segundos (ditos animais irracionais), sendo colocados pela classificação da ciência como sendo

inferiores a estes, aos homens, agem por meio do que se convencionou chamar de instinto, ou seja, por meio de ações ditas predeterminadas por suas naturezas e, portanto, também irracionais, ausentes de liberdade.

A diferença entre ações originadas da razão e do instinto, assim, está no fato de que, por meio do uso da razão – dizem os especialistas, utilizando sua dita inteligência e criatividade, o homem pode fazer as coisas da forma que deseja e/ou que possivelmente venha a desejar e/ou imaginar, podendo, também, assim, depois de criá-las, avaliá-las, ou seja, saber se os seus feitos foram bons, do ponto de vista utilitário e/ou estético ou não.

Em outras palavras, pode-se dizer que os homens, pelo uso da razão, constroem coisas não somente de acordo com as suas necessidades, mas também exercendo suas liberdades durante o processo criativo, estando atreladas estas aos seus juízos de valores, aos seus princípios, à sua forma de ver e de interagir com o mundo. No que se refere às ações e/ou criações animais, feitas por meio do instinto, por outro lado, não há essa liberdade e, nem tampouco, racionalidade.

Ou seja, as aranhas, os pássaros, as abelhas, as formigas e etc., dentro das suas espécies, farão sempre, respectivamente, as mesmas teias, os mesmos ninhos, as mesmas colmeias, os mesmos formigueiros e etc., ainda que, em determinados casos, possam-se ser utilizados materiais alternativos devido a uma suposta escassez dos mesmos em determinadas regiões, causadas estas por intervenções humanas antiecológicas na natureza.

Em outras palavras, sintetizando, as diferenças entre homens e animais, entre muitas outras coisas, está no fato de que:

1- Os primeiros, os homens, são capazes de fazer coisas com liberdade e criatividade, por meio do uso da razão; e,

2- **Os segundos, são capazes apenas de fazerem aquilo que – instintivamente - permitem-lhes garantir às suas sobrevivências e/ou às sobrevivências das suas espécies.**

Nesse sentido, frise-se:

> **"O homem não é o único animal capaz de fazer e/ou de transformar coisas, mas, diferentemente de todos os outros animais, é o único capaz de fazer arte e/ou de criar coisas de forma deliberada e/ou intencional." (grifo meu)**

Desde a pré-história, movido, por exemplo, pela necessidade de se alimentar, de se proteger e etc., o homem começou a transformar e a construir coisas. Algumas dessas coisas, que os homens faziam e/ou fazem (que mudam ou não de acordo com as diferentes culturas e com o tempo) eram e/ou são criadas de formas muito bem feitas, com capricho, perícia, criatividade, talento, beleza,

68

eficiência e, outras, nem tanto. Por esta via, a esse conjunto de coisas que os homens faziam e/ou fazem com capricho, perícia, criatividade, talento, beleza, eficiência, e, que, consequentemente, são apreciadas socialmente por conterem um quê de qualidade em relação às outras, sendo elas utilitárias e/ou para a simples contemplação, chamam-se aqui de arte.

Em outras palavras, conceituando, segundo as bases epistemológicas da pensadora norte-americana Susanne Langer, a arte é definida como:

> "A prática de criar, utilizando-se habilidade prática e a imaginação (criação), que se traduzem como sendo formas expressivas do sentimento humano". (LANGER, Susanne. Ensaios filosóficos p.82-87)

Nesse sentido, pode-se dizer que existem, também, dois tipos de arte:

1- Aquelas em que os artistas têm a preocupação primeira de fazer coisas e/ou objetos úteis, sintetizados estes ou estas como às realizações técnicas, sejam feitos (a) por meios dos artesãos, manualmente, sejam feitos (a) por meio das indústrias, por meio das máquinas;

2- Aquelas em que os artistas têm uma preocupação primeira de fazerem coisas belas, ainda que não sejam necessariamente inúteis, caracterizadas como as chamadas belas artes (artes plásticas, arquitetura, escultura, pintura), música, dança, literatura, teatro, cinema, fotografia.

O que se pode dizer é que o exercício da arte coloca o homem em sintonia com a sua humanidade, com a sua condição de homem enquanto ser racional, ou seja, pode-se ainda dizer que, é por meio do exercício da arte que, o homem se humaniza e/ou caminha rumo à construção da sua humanidade. Nietzsche, por exemplo - através da sua filosofia de superação humana -, coloca o valor da arte, para o homem, exatamente nesse contexto, ou seja, no da elevação e/ou superação do homem por meio do exercício dela.

Para ele, o que há de grande valor no homem é o fato dele (diferentemente dos outros animais, que são seres completos e/ou predeterminados por suas naturezas) ser uma ponte e não um fim. Isto é, o fato dele, do homem, ser uma passagem e não um acabamento.

Todavia, na mesma medida, Nietzsche faz uma crítica severa à sociedade contemporânea pelo fato dela, segundo ele, ter feito com que os homens abandonassem e/ou abortassem as suas capacidades criativas e se tornassem, numa outra via paradoxal às suas racionalidades, escravos - incluindo os valores - das coisas que eles mesmos criaram, impedindo, assim, que todos os homens, no sentido macro e genérico do termo, evoluíssem e/ou se superassem enquanto espécie. Escreveu ele:

> "Percorrestes o caminho que medeia do verme ao homem, e ainda em vós resta muito de verme. Noutro tempo foste macaco e, hoje, o homem é mais macaco do que todos os macacos. (...) o homem é um ser superável. O que fizeste para superá-lo?" (Nietzsche, Friedrich. Assim falou Zaratustra. P. 25)

Ou seja, para Nietzsche "criar é ultrapassar-se e, sendo assim, a criatura deve prevalecer sobre o criador". Para ele o homem deve amar o ato de conhecer e, nesse sentido, ele, esse mesmo homem, ao buscar conhecer deve desprezar o próprio eu que constrói, ou seja, o homem deve, buscando sempre a sua superação, ser capaz de criar um caos dentro de si por meio da arte. Escreveu-nos também ele:

> "Eu vo-lo digo: é preciso ter um caos dentro de si para poder dar à

luz uma estrela cintilante... tenha um caos dentro de vós. O criador procura companheiros, não procura cadáveres, rebanhos... procura colaboradores que escrevam valores novos nas tábuas novas". (p. 28-33)

Para Nietzsche, como se percebe, a arte não é somente o que permite ao homem transformar a vida, mas também o que lhe permite poder, por meio dela, superar-se ao renová-la por intermédio do exercício pleno – que para ele é também vital – do seu processo criativo. Ou seja, o exercício e/ou a prática da arte, para ele:

1- É o mesmo que a afirmação da vida;
2- É o mesmo que afirmação das potencialidades humanas;
3- É o mesmo que vontade de potência;
4- É o mesmo que a afirmação da vontade necessária de superação constante rumo ao que ele convencionou chamar de super-homem, o super-homem Nietzschiano.

Para Nietzsche, fazer arte é potencializar a própria vida, ao acrescentar-lhe, por meio dela, novos valores e, nesse sentido, quebrar as velhas tábuas dos mesmos. Enfim, a arte, antes, durante e depois de tudo, foi, é e será sempre um mecanismo de afirmação da vida e/ou, num outro viés, o não exercício dela, um fator de negação e/ou aceitação da morte. Nas palavras de Ernest Fischer, complementando as apreciações de Nietzsche:

> *"(...) Enquanto a própria humanidade não morrer, a arte não morrerá."* **(FISCHER, Ernest. A necessidade da arte. 6ª Ed. Rio de Janeiro. Zahar, p. 245-254)**

VIII CAPÍTULO – A NECESSIDADE DA ARTE

Como vimos no capitulo anterior, existem muitas diferenças essenciais entre os homens e os animais.

Todavia, embora hajam essas muitas diferenças no que se refere à arte em relação aos mesmos, pode-se também dizer, que, por outro lado, numa outra via, mas no mesmo sentido, há também algo em comum entre esses mesmos homens e animais, sintetizado no que se refere especificamente à necessidade de transformar coisas (no caso do homem, por meio da arte, etc.) para poder viver.

Ou seja, o que se quer dizer é que, se muitos animais transformam elementos da natureza para garantirem às suas existências e/ou a existência das suas espécies, os homens, também, essencialmente, de certa forma, na qualidade de fazedores de arte, fazem o mesmo. Isto é, o que se quer dizer é que:

> *"Fazendo arte, o homem se revolta contra as limitações que lhe são impostas pela natureza, pela sua condição social e/ou por si mesmo e, sendo assim, ele está lutando também, ao fazer arte, para não morrer. Ele está lutando também, ao fazer arte, pela concretização do seu desejo de imortalidade e/ou de auto-preservação enquanto espécie."* (grifo meu)

Na verdade, o que também se quer e se deve dizer é que, ao fazer arte, o homem está, como um mágico, como um alquimista e/ou como um animal (aranha, pássaro, formiga, abelha, etc.) recriando e/ou transformando a vida, visando, de certa forma, também, contribuir de alguma forma, para a manutenção de si e/ou da sua espécie. Mais ainda que isso. Ou seja, ao fazer arte:

1- Ele, o homem, está aprendendo que as coisas podem ser modificadas;

2- Ele, o homem, está aprendendo que ele não precisa e não deve estar subordinado, determinado, como um ser passivo, às ordenações e/ou pré-determinações naturais e/ou sociais;

3- Ele, o homem, está aprendendo que ele pode transformar e que, ao transformar, ele também se transforma.

Aí, pode-se dizer, está também sintetizado o sentido da elevação do homem por meio da arte. Isto é, depois de um longo processo fazendo arte, ao se entender artista e querer, de fato, de forma intencional ou deliberada ser um artista, ele, esse homem, aprende a sua grande lição:

> "Que, para transformar, é preciso, antes, transformar-se; que, transformando-se e/ou fazendo arte, ele se transforma e transforma. Ou seja, ele descobre que reinventa a

vida. Ele descobre que a vida humana, diferente das dos outros animais, como certa vez escreveu-nos Cecília Meireles, "só é possível de ser vivida se for reinventada", por ele, próprio por meio da arte." (Grifo meu)

Nesse sentido, frise-se:

"Fazer arte, para o homem, não é algo facultativo como também não o é, construir teias, para as aranhas; ninhos, para os pássaros; formigueiros, para as formigas, colmeias, para as abelhas, ainda que - como vimos - esses ditos animais inferiores não façam propriamente arte, pois, não existe em seus atos, deliberação e/ou nem tampouco "liberdade criativa", mas apenas uma prática instintiva". (grifo meu)

A necessidade vital da arte, de fazer arte, para o homem, está colocada exatamente aí:

1- **Fazer arte coloca o homem em sintonia com a natureza e/ou com o criador de todas as coisas;**

2- **Fazer arte coloca o homem em diálogo permanente consigo mesmo e com a realidade que o circunda, de modo à sempre querer procurar torná-la melhor do que é;**

3- **Fazer arte não se resume em transformar coisas, como no caso dos outros animais citados, ainda que seja para se preservar a própria vida e/ou a vida da espécie, mas se entende também como a necessidade de preservação da vida pela recriação do sentido e do valor da própria vida, o que somente para o homem é indispensável, ou seja, "mais que necessário."**

IX CAPÍTULO – A FUNÇÃO SOCIAL DO ARTISTA

Seguindo outra linha de pensamento, ainda que não divergente das de Susanne Langer e Nietzsche, Luckács define o artista como um ser social e, nesse sentido, define também a arte como sendo o mesmo que, enquanto objeto de criação:

> *"A expressão da maneira de ver e de sentir o mundo em que vive o artista pelo próprio artista."*

Ou seja, para ele, querendo-se ou não, o artista se apoia numa determinada visão de mundo o que, invariavelmente, define também o seu estilo. Em outras palavras, a obra de um artista, para Luckács - entendido este como um ser social - é também, sem sombra de dúvidas, um elemento de comunicação do seu criador. O valor essencial da arte, assim, a partir da criação estética, está na sua capacidade de transmitir os sentimentos mais autênticos não somente de um dado artista, mas expressivos também, no sentido macro, além do micro, da própria natureza humana.

Ou seja, a de transmitir suas angústias, seus temores, suas inquietações, seus modos de sentir, suas esperanças, seus sonhos, seus questionamentos, suas utopias, etc.

O artista, nesse sentido, impinge sua marca no mundo: seja pela ação deliberada seja pela tentativa inconsciente de omissão em relação a esse mesmo mundo.

Na obra de um artista, assim como na filosofia, está a sua ideologia, ainda que ele não se reconheça detentor de uma.

Esse fato é tão notório que, ao longo da história das artes e da filosofia, existiram filósofos e artistas que foram, por outros, por exemplo, considerados ateus, sem, no entanto, quando indagados a respeito, declararem-se e/ou aceitarem-se como tais. Uma obra artística revela as expressões mais íntimas e, ao mesmo tempo, mais universais de qualquer artista:

1- Elas são a exteriorização das psiques humanas;

2- Elas são as expressões da totalidade dos sentimentos humanos, sejam estes conhecidos dos seus artistas ou não.

Talvez esse seja um dos grandes motivos pelos quais, os homens, nas sociedades ocidentais contemporâneas, erguidas estas sob as bases epistemológicas de Descartes, com o seu "penso logo existo", tenham criado e desenvolvido, de forma contrária as da arte, formas racionalizadas de expressão humana que visavam e/ou visam, antes de tudo, dissimularem e/ou não revelarem o que os homens realmente, enquanto alma e/ou psique, são, como, por exemplo, os meios de apresentações formais que os homens se utilizam para se apresentarem socialmente aos outros homens, sintetizados estes, apenas, no que eles pensam e/ou fazem, isto é, em sistemáticas formas ditas de apresentações formais, curriculares, etc.

X CAPÍTULO – DA FINALIDADE DA ARTE

Ao criar arte, consequentemente, o homem também se recria, ou seja, transforma-se, na medida em que ele, no seu processo de criação descobre e mostra-nos que a realidade e/ou a vida podem ser transformadas.

A finalidade da arte, nesse sentido, embora possa parecer a alguns, não é e/ou não deve ser a de querer "agradar", mas a de "elevar", assim como a é também a da filosofia, na medida em que o conhecimento não rebaixa, mesmo porque não pode, quando distante dos princípios sofistas, rebaixar ninguém.

Ou seja, assim como a filosofia, a arte, apesar de não objetivar ter uma tendência imoral e/ou de falseamento da verdade e/ou do saber, *"não tem, ao mesmo tempo, também, uma relação efetiva e/ou intrínseca com a moral; com a ciência e nem tampouco com a religião."* Isso não significa dizer que a arte e a filosofia, todavia:

1. Embora não tendo a mesma finalidade da moral, tenham que ser imorais;

2. Embora não tendo a mesma finalidade da ciência, tenham que ser anti-científicas;

3. Embora não tendo a mesma finalidade da religião, tenham que pregar e/ou praticar o mal e não o que é, por muitos, considerado como sendo o mesmo que o bem e/ou práticas de virtude.

Embora possa parecer a alguns, não é assim. Ou seja, assim como a filosofia, a arte não é necessariamente, enquanto objetivos e/ou razão de ser:

1. Imoralidades;

2. Inverdades;

3. E, nem tampouco, apologias e/ou prática do mal.

A arte, como a filosofia, são expressões críticas e, por isso, também estéticas, belas, porque essencialmente criadoras.

Nesse sentido, o verdadeiro artista:

1. Critica a moral, os valores morais do seu tempo e/ou de outros, mas não prega o mal, entendido este mal como sendo tudo aquilo que, ao moldes do humanismo, nega e/ou vai contra a preservação e afirmação da vida, não somente humanas, no planeta;

2. Critica as ditas verdades absolutas do seu tempo e/ou de outros, mas não prega o falseamento e/ou a dissimulação da verdade;

3. Critica as ditas virtudes do seu tempo e/ou de outros, mas não faz apologia ao vício.

Ao criticá-las, ele, o artista, assim como o filósofo, cria possibilidades para a construção de novas formas morais, éticas, estéticas, epistemológicas, etc. necessárias às mudanças sociais referentes ao seu tempo-espaço e/ou a sociedade em que vive. Nesse sentido, o artista é e/ou acaba sendo o mesmo que um filósofo-prático.

Isso, entretanto não tem nada de pragmatismo e/ou de neo-tecnicismo, uma vez que a criticidade não foi perdida, mas modificada apenas de lugar: migrou do mundo metafísico para a vida material a partir da sistematização do diálogo entre a realidade sensível e a inteligível, que correspondem à vivificação, pelo artista, do processo dialético em seus atos criativos.

O EMPREENDEDOR-ALQUIMISTA

UNIDADE III

HOMO INTELECTOS *VERSUS* HOMO FABER

XI CAPÍTULO – O ARTISTA (ARTESÃO), NAS SOCIEDADES MODERNAS E/OU PÓS-MODERNAS, TRANSFORMADO EM OPERÁRIO (HOMO FABER)

Os crescentes aumentos, no mundo, do dito estado depressivo, entendido este como uma espécie de câncer da alma, revelam-se e/ou traduzem-se, pode-se afirmar, como uma resposta da mente para que os seres sociais pós-modernos encarem, sem rodeios e/ou medidas paliativas (como estão socialmente habituados, devidos aos seus processos de socialização fragmentados, fragmentários e/ou especializados), seus dilemas existenciais mais profundos.

Ela, a depressão, enquanto dor física, na qualidade de tristeza, angústia e/ou melancolia profunda, significa o mesmo que a perda, por curto ou longo período de tempo, do sentido da própria existência, etc. Ou seja, sinaliza, de forma indelével, que existe, em nossa vida, um problema complexo que precisa ser resolvido, que pode ser de ordem socioeconômica, existencial, afetiva e/ou então de qualquer outra natureza. Por "problemas complexos", frise-se: *"entendemos aqueles que são originados não de uma única causa, mas de várias, agindo, inclusive, de forma simultânea, que exigem, assim, na mesma medida, a nossa competência em várias áreas do saber para o alcance da sua suposta resolução..."* Isto é, para a solução de problemas complexos:

1- Exige-se que os indivíduos sejam capazes de pensar e não somente de aprender pensamentos;

2- Exige-se que homens e mulheres sejam capazes de enxergar, ao mesmo tempo, a árvore e floresta para a possível resolução de um problema;

3- Exige-se que homens e mulheres tenham aprendido não somente filosofia, mas também a filosofar, ou seja, não somente pensamentos, mas também a pensar.

O problema da depressão no alvorecer do século XXI reside justamente aí, ou seja, da necessidade de desenvolvermos a nossa intelectualidade, uma vez que, "como se sabe, o homo sapiens não nasceu homo sapiens da noite para dia. Até sê-lo, ele foi:

1- Australopithecus;
2- Homo habilis;
3- Homo erectus;
4- Homo sapiens antigo;
5- Homo sapiens neardenthanlensis e, finalmente, na condição de homo sapiens, aproximadamente 40 mil anos antes, passando pelo período dos séculos VII antes de cristo, tendo seu ápice na sociedade grega antiga (período em que prevaleceu a metafísica e/ou o saber filosófico), depois seguindo pela idade média o seu declínio, até o início da era moderna, já nos séculos XV e XVI.

Ou seja, o homo sapiens começou a ser "assassinado" já a partir da era moderna, com a desqualificação da metafísica pela ciência e pela transformação do artesão (artista) em operário, nas fábricas, por meio da revolução industrial, tornando o homem, assim:

1- Um ser alienado;
2- Um especialista do saber, dando-se sequência a esse trágico processo na presente era pós-moderna e/ou contemporânea.

Em outras palavras, a era moderna, com o espírito Cartesiano e científico, erigiu uma nova sociedade de homens alienados para a capacidade de resolverem problemas complexos, de forma individual, a partir da análise entre as partes e o todo ao mesmo tempo: os homens, nessas sociedades, hoje ditas pós-modernas, enquanto especialistas do saber, ou seja, especialistas do saber prático, tornaram-se não somente os paradoxos do homo sapiens, mas as suas reais e essenciais antíteses no quesito prático-poiético (de poiesis, no sentido grego de dedicação à criação artística). Como se sabe, as principais características que configuram a espécie homo sapiens, por meio do seu desenvolvimento de habilidades intelectuais (e se davam por meio do desenvolvimento das técnicas, da cultura, da linguagem, da capacidade de caça, etc.), davam-se dentro de uma unidade de pensamento (pensar, fazer e/ou criar e avaliar), específicas da sua realidade concreta e/ou natural de subsistência, onde ter que pensar sobre as parte e o todo para a solução de um problema, fazia parte dessa mesma atividade intelectual.

Isto é: para poder conseguir sobreviver e/ou evoluir era preciso pensar, resolver problemas complexos cotidianos dentro de uma unidade de pensamento, sintetizadas no pensar, criar, fazer e avaliar.

Esse processo metafísico de formação do homo sapiens (planejar a caça e, ao mesmo tempo, estar preparado para ser surpreendido diante de novas exigências sociais) começou na pré-história e teve seu ápice, ainda que não para todos os homens, na sociedade grega ateniense, passando pela sociedade teocêntrica da idade média, onde, nesses respectivos períodos, apesar de exercido por grupos ditos subalternos, o trabalho realizado pelos homens (fosse por meio da lavoura, do artesanato ou por outro qualquer) favoreciam de alguma forma os seus respectivos desenvolvimentos intelectuais, sintetizados estes, como um todo integrado, como já dito, no pensar, criar realizar e avaliar.

Ou seja, a arte e a filosofia, nos seus sentidos amplos de elevação humana alcançadas pela busca do conhecimento amplo e integrado das coisas, faziam parte, salvo raras exceções, do desenvolvimento intelectual do homo sapiens.

A inauguração da era moderna com seu espírito Cartesiano e científico, séculos depois pragmático e positivista, alcançados a partir de sucessivas revoluções industriais, começou já com aquela da Inglaterra, ocorrida no século

XVIII, por sacramentar também o assassinato do homo sapiens e, hoje, no alvorecer do século XXI, por terminá-lo, ou seja, por sacramentar o seu homicídio, ou melhor, genocídio. Nas palavras de Chauí:

> "A modernidade terminou um processo que a filosofia começa desde a Grécia: o desencantamento do mundo, isto é, a passagem do mito à razão; da magia à ciência lógica." (CHAUÍ, Marilena. Convite à filosofia. São Paulo: Ática. 200. p.400-423)

Por exemplo, com a primeira revolução industrial, ocorrida na Inglaterra no século XVIII, sob os auspícios desses valores e princípios, os artesãos (artistas) que, antes, dominavam todas as fases do processo produtivo de um objeto qualquer (início, meio e fim), foram transformados em operários, em especialistas alienados do saber, em realizadores de funções específicas e repetitivas. Nas palavras de PETTA:

"No avanço da industrialização, a máquina substituiu as mãos e a programação automática substitui as mentes." (PETTA, Nicolina Luiza de. História: uma abordagem integrada. São Paulo: Moderna. 2005. P. 147)

Mais adiante, referindo-se agora ao mesmo problema, que ainda ocorre nas sociedades industrializadas atuais, ela continua:

"(...) Outro problema é a repetição constante dos movimentos ao longo do dia, o que automatiza as ações e se tornam um entrave ao raciocínio. Para se adaptar aos movimentos repetitivos, o trabalhador é obrigado a reprimir a criatividade e a inteligência, o que leva a um quadro de alienação." (Idem. P. 149)

Ou seja, o que se quer dizer é que, o homo sapiens, o homem com vocação filosófica e artística (artesã); o ser capaz de pensar criticamente sobre as partes e o todo ao mesmo tempo; de solucionar problemas complexos utilizando sua unidade de raciocínio, foi transformado pelas eras modernas e pós-modernas:

1- Numa nova espécie: a do homo faber;
2- Num especialista do saber prático;
3- Num ser incapaz de solucionar problemas que não sejam de ordem específicas, limitadas.

O dito estado depressivo, ou seja, o estado de incapacidade de se poderem solucionar problemas complexos, deriva justamente daí:

1- Os homens conseguem chegar à lua através dos avanços tecnológicos, mas, ao mesmo tempo, não sabem utilizar isso em prol do bem estar da humanidade;
2- Eles inventaram as armas de destruição em massa e, ao mesmo tempo, não conseguem acabar com a miséria que assola mais de um bilhão de pessoas no mundo.
3- Os homens - da era moderna até agora - em nome do progresso, somente promoveram guerras e genocídios e, tragicamente, todas

as suas invenções, no sentido macro, não trouxeram benefícios planetários de médio e/ou longo prazos.

4- Os homens, todos os dias, enquanto escravos irracionais do progresso, destroem uma parte significativa da natureza e das vidas humanas como consequência de suas irracionalidades, de suas formas específicas e alienadas de pensar.

5- Os homens acumulam riquezas e, logo depois, descobrem, por exemplo, que não são eternos, que, como todos os outros seres vivos, existem determinados por uma espécie de "marcha para a morte."

A consciência da morte poderia ser um meio para que os homens pudessem voltar a pensar, mas, mesmo esta, nessas sociedades, se tornou banalizada pela indústria cultural que, ideologicamente, prega que somente os ditos maus é que morrem e que os ditos bons vivem para sempre.

O homem pós-moderno não traz mais, em si, uma vocação para enxergar o todo e as partes ao mesmo tempo, ou seja, não traz nem tampouco uma vocação artística e nem tampouco filosófica, sintetizadas no pensar, criar, realizar e avaliar.

Ou seja, nessas sociedades, o homo sapiens, que levou milhares de anos até chegar à condição do que entendemos que ele foi até o início da era moderna e que deveria ser hoje, está morto, foi assassinado pelo uso excessivo e pela escravidão às técnicas, tornando-se, tragicamente, embrutecido o seu pensamento.

A tendência aos estados ditos depressivos do homem pós-moderno é, antes, o resultado histórico de um "rebaixamento" do homem do posto de homo sapiens: de rebaixamento do homem da sua condição de filósofo e de artista, dado que as funções de ambas, da filosofia e da arte, são as de "elevar" e não de rebaixar os homens. Isto é, o conhecimento filosófico e/ou não somente especializado não rebaixa ninguém, mas eleva, liberta, humaniza os homens.

Nesse sentido, tanto a filosofia quanto a arte colocam os homens como verdadeiros produtores de conhecimento e de cultura e não como escravos de formas de pensar e de fazer especializadas e específicas. Elas, a filosofia e arte, pela atividade crítica e artística elevaram-no ao posto de homo sapiens, do qual, hoje, decaíram em virtude dos preceitos Cartesianos, pragmáticos e positivistas, atrelados ao capitalismo, que se incorporaram por todas as ciências.

O estado depressivo, o potencial depressivo do homem pós-moderno, é assim, antes de tudo, um estado de ausência do filósofo e do artista que todo homem, a partir de um longo processo de desenvolvimento cognitivo incorporou em si, culminando-se no surgimento do homo sapiens o que, todavia, as eras modernas e pós-modernas acabaram por castrar e/ou dinamitar. Nietzsche, por exemplo, numa de suas saudáveis críticas às sociedades contemporâneas, disse-nos:

"Os homens de hoje são mais macacos do que todos os macacos."

Essa mesma sociedade, todavia, como uma maneira ideológica de desqualificar os filósofos e os artistas, começou a chamar os filósofos de loucos e os artistas de preguiçosos.

Mas Nietzsche não se calou e, rebatendo-os, escreveu: *"O que dizem em mim ser loucura, chamo-a apenas saúde interior"*.

Talvez esse seja um dos sinais de alerta presente nos crescentes estados depressivos quem tem surgido nas sociedades pós-modernas.

A chamada greve geral da mente de muitos talvez seja causada, de um lado, pela incapacidade de se solucionar problemas complexos de forma individual e, de outro, talvez, por uma tentativa inconsciente do organismo humano de evitar se subjugar a permanecer constantemente, como cativo, sob tamanhos estados de alienação inaceitáveis para um organismo dotado de potencial reflexivo.

CONCLUSÕES

Empreender, embora não saibam alguns, é reinventar e/ou recriar o sentido e/ou os valores da própria vida. Nesse sentido, empreender é também, de uma forma inovadora, ser capaz de afirmar e/ou reafirmar, de uma nova forma, a própria vida.

Por esta via, todo empreendedor é também um revolucionário, no sentido de não ficar conformado com as formas pré-estabelecidas de vida existentes.

O que motiva os empreendedores, embora não saibam alguns, nesse sentido, não é a busca pelo lucro: este é uma mera consequência da qualidade e/ou do sucesso das suas inovações.

O que motiva os empreendedores é a vocação que eles têm de perseguir utopias, de buscarem vislumbrar melhorias pessoais e/ou sociais que, muitos, acomodados, preferem pensar que não existem; preferem pensar que tudo já foi inventado e reinventado, objetivando-se, por meio dessa omissão, preservar o status quo, principalmente o da exclusão social.

Os verdadeiros empreendedores não são seres conservadores, mantenedores das formas de domínios econômicos, há tempos, pré-estabelecidas.

Os empreendedores, aos reinventarem algo, criam novas regras para o jogo, abrem novos caminhos, descobrem brechas de inclusão social onde só havia altos muros, barreiras: ditas impossibilidades de mudanças.

Os empreendedores verdadeiros, embora, nas suas grandes maiorias eles existam em sociedades capitalistas, não são capitalistas nem tampouco burgueses. Eles são, nas suas grandes maiorias, intelectuais, artistas, filósofos, artesãos, etc. que, cansados de viverem na exclusão; que, cansados de se prostituírem intelectualmente às grandes corporações, subordinando-se à condição inumana de homo faber, decidiram encarar de frente, com sabedoria e abnegação, os donos do capital, isto é, os propagadores da Globalização unilateral, os praticantes de genocídios socioeconômicos, especialmente àqueles que têm relegado, segundo dados recentes da ONU, aprox. 20% da população mundial a viverem na condição de miseráveis, com menos de 1 ou 2 dólares ao dia, principalmente em países da África, da Ásia e da América do Sul, mas também em países da Europa e da América do Norte.

O EMPREENDEDOR-ALQUIMISTA

BIBLIOGRAFIA

PS. Todos os livros de Nietzsche. Especialmente aqueles da "coleção os pensadores". No que se refere aos axiomas de Nietzsche, citados in: "Assim falou Zaratustra".

APPLE, M. Educação e poder. Porto Alegre: Artes Médicas, 1989.

BOURDIEU, P. A reprodução. Rio de janeiro: F. Alves, 1975.

COLEÇÃO OS PENSADORES: relativos ao pensamento se Aristóteles, Sartre entre outros.

COSTA, Cleberson Eduardo Da. Emancipados & Medíocres. Rio de janeiro. Clube de Autores, 2012.

COSTA, Cleberson Eduardo Da. A complexidade do óbvio. Rio de janeiro. Clube de Autores, 2012.

DELORS, Jacques. A educação para o século XXI: questões e perspectivas. Porto Alegre. Artmed, 2005.

FREIRE, Paulo. Pedagogia da autonomia. São Paulo. Paz e Terra, 1996.

FRIGOTTO, Gaudêncio. Educação e Crise do Capitalismo Real. São Paulo: Cortez, 1996.

GENTILI, P. & FRIGOTTO, G. (ORGs). A Cidadania Negada: políticas de exclusão na educação e no trabalho. São Paulo, Cortez, 2002.

SAVIANI, Dermeval. Escola e Democracia. São Paulo. Cortez, 1998.

MORIN, E. Os sete saberes necessários à educação do futuro. São Paulo. Cortez; BRASÍLIA: UNESCO, 2001.

RANCIÈRE, Jacques. O mestre ignorante: cinco lições sobre emancipação intelectual. Belo Horizonte: Autêntica, 2002.

BIBLIOGRAFIA COMPLEMENTAR

APPLE, M. Educação e poder. Porto Alegre: Artes Médicas, 1989.

BOURDIEU, P. A reprodução. Rio de janeiro: F. Alves, 1975.

COSTA, Cleberson Eduardo Da. Emancipados & Medíocres. Rio de janeiro. Clube de Autores, 2012.

COSTA, Cleberson Eduardo Da. A complexidade do óbvio. Rio de janeiro. Clube de Autores, 2012.

CROSBY, Philip B. Qualidade sem lágrimas: a arte da gerência descomplicada. 4. Ed. – Rio de janeiro: José Olimpio, 1999.

DELORS, Jacques. A educação para o século XXI: questões e perspectivas. Porto Alegre. Artmed, 2005.

FREIRE, Paulo. Pedagogia da autonomia. São Paulo. Paz e Terra, 1996.

FRIGOTTO, Gaudêncio. Educação e Crise do Capitalismo Real. São Paulo: Cortez, 1996.

GENTILI, P. & FRIGOTTO, G. (ORGs). A Cidadania Negada: políticas de exclusão na educação e no trabalho. São Paulo, Cortez, 2002.

SAVIANI, Dermeval. Escola e Democracia. São Paulo. Cortez, 1998.

MORIN, E. Os sete saberes necessários à educação do futuro. São Paulo. Cortez; BRASÍLIA: UNESCO, 2001.

RANCIÈRE, Jacques. O mestre ignorante: cinco lições sobre emancipação intelectual. Belo Horizonte: Autêntica, 2002.

BIBLIOGRAFIA BÁSICA DE FILOSOFIA

BOBBIO, Norberto ET al. Dicionário de Política. Trad. Luiz guerreiro Pinto Cacais ET al. Brasília, Ed. Universidade de Brasília, 1986.

BOBBIO, Norberto. O conceito de sociedade civil. Rio de Janeiro, 1995.

BOCHENSK, Innocentius Marie. A filosofia contemporânea ocidental. Trad., coord., e rev. Alfredo Bosi. São Paulo, Mestre Jou, 1982.

CHÂTELET, François, dir. História da Filosofia – ideias, doutrinas. Rio de janeiro, Zahar, 1981. 8v.

FOULQUIÉ, Paul. O existencialismo. Trad. J. Guinsburg. 3ª ed. São Paulo – Rio de Janeiro, Difel, 1975.

MOUNIER, Emmanuel. Introdução aos existencialismos. Trad. João Bénard da Costa. São Paulo, livraria duas cidades, 1963.

OS PENSADORES. São Paulo, Abril cultural. Coleção da qual foram utilizados os volumes: Aristóteles, Heidegger, Kant, Locke, Marx, Sartre, Descartes e Francis Bacon.

PARA COMPRAS ONLINE NO BRASIL, EUA, ÍNDIA, CHINA, JAPÃO E TODOS OS PAÍSES DA EUROPA, VERSÕES KINDLE, E-BOOK E IMPRESSOS, FAVOR ACESSAR WWW.AMAZON.COM

PARA PEDIDOS/REVENDAS NO BRASIL

ATSOC EDITIONS

http://atsoceditions.com.br